L7k
1632

7
Lk 1632.

RÉPONSE

AU RAPPORT

PRÉSENTÉ

AU CONSEIL MUNICIPAL DE CANNES

SUR LE

PROJET D'UN NOUVEAU CIMETIÈRE

AIX
TYPOGRAPHIE REMONDET-AUBIN, SUR LE COURS, 53.

1862

A MONSIEUR LE PRÉFET

DU DEPARTEMENT DES ALPES-MARITIMES.

Monsieur le Préfet,

Le Rapport auquel je réponds n'a detruit, ni même affaibli aucun des moyens que je vous ai présentés dans ma pétition, au sujet du nouveau cimetière ; je n'ai donc pour y répondre qu'à la reproduire en la complétant.

Le Rapport nous fait connaître quel est le motif qui oblige la ville de Cannes à changer le cimetière actuel et le moyen qu'elle doit employer pour opérer ce changement.

Le motif est « l'obligation dans laquelle la ville de « Cannes croit être de transporter aussi loin que possi- « ble tous les *établissements insalubres* ou seulement « incommodes, dans lesquels il faut comprendre les « LIEUX DE SÉPULTURE. » Je copie textuellement.

Le moyen, c'est le maintien du cimetière actuel, comme cimetière de luxe ; « la création d'un cimetière nouveau « n'empêchera pas les concessionnaires actuels, qui vou- « dront conserver dans l'ancien leurs tombeaux, d'y « inhumer les membres de leurs familles. » Je continue de copier textuellement.

La ville de Cannes aura donc deux cimetières : la nécropole aristocratique et le charnier des indigents. — C'est trop. — La loi ne permet pas cette inégalité dans la mort ; si la fosse peut n'être pas commune, le lieu de la sépulture doit être commun pour tous (art. 8 du décret du 23 prairial an XII). — Quant aux concessionnaires des tombes dans le cimetière actuel, voici leur droit :

L'ordonnance du 6 décembre 1843, dans l'article 5, décide formellement que « en cas de translation d'un cime-
« tière, les CONCESSIONNAIRES ONT DROIT D'OBTENIR dans
« le nouveau cimetière un emplacement égal en super-
« ficie au terrain qui leur avait été concédé. » C'est leur droit, et la Commune ne peut pas le leur ravir en les reléguant dans l'ancien cimetière jusqu'à *l'extinction de leur famille*.

Le moyen d'exécution est donc aussi illégal que peu praticable.

Que dire du motif sur lequel le Rapport s'appuye. Quoi, un cimetière peut et doit être assimilé à un établissement insalubre ? Comment ! la tombe de ma mère, sur laquelle je vais m'agenouiller, la sépulture de mes parents ou de mes amis, devant laquelle je prie, font partie d'un établissement insalubre. C'est là un rapprochement sacrilége contre lequel se soulève la conscience religieuse de tout honnête homme. Puisque M. le Rapporteur ne voit là qu'une question de légalité, qu'il lise le tableau officiel des établissements insalubres, il verra que notre législation n'inflige pas à la France la honte de jeter, comme à une sorte de voirie, les restes mortels de nos amis, de nos parents et de nous-mêmes ; cette honte que le paganisme et les nations les plus sauvages ont épargnée à l'humanité. Non! aux yeux du législateur, un cimetière n'est pas un lieu immonde qui doit être rejeté le plus loin possible de l'enceinte des villes, et presque sur les confins de leur territoire. L'intention du législateur, ainsi entendue, serait immorale ; aussi telle n'a pas été sa volonté. La distance par lui fixée est de trente-cinq à quarante mètres (décret du 23 prairial an XII, art. 2). La propriété Gillette est à plus d'un kilomètre et demi de Cannes, le Rapport dit 1700 mètres.

Le cimetière actuel ne peut donc être déplacé.

La commune de Cannes l'a toujours compris ainsi jusqu'en 1860 inclusivement. En effet, Cannes avait son cimetière contigu à l'église paroissiale. Après 1830, elle voulut construire un nouveau cimetière ; le conseil eut à délibérer sur ce projet pendant longues années, de 1834 à 1846, année où le cimetière actuel a commencé à recevoir sa destination. Ce cimetière n'a donc que *quinze ans d'existence!* S'il y a quelque chose qui doive être immuable aux yeux des populations, c'est le cimetière qui garde le repos sacré des générations disparues. Or, en 1846, le cimetière actuel a été choisi en vue de *l'agrandissement futur de Cannes*, car, en 1834, la population de Cannes était de trois mille âmes, en 1846, elle dépassait six mille âmes, elle avait doublé. Le dernier recensement prouve que cette progression ne s'est pas maintenue, puisqu'il n'a donné en 1861 que huit mille âmes, y compris la population empruntée du chemin de fer. Le Conseil municipal, en 1846, savait qu'il avait deux moyens d'agrandir le cimetière actuel, par l'appropriation des terrains communaux contigus et par l'acquisition de la propriété des hoirs Hipert.

En exécution de ces plans, voici ce que la Commune a fait depuis cette époque. Le 27 septembre 1857, M. le Maire proposa l'agrandissement du cimetière, et, faute de ressources, cet agrandissement n'eut pas lieu. Le 26 avril 1858, on fit un agrandissement sur une partie des terrains communaux restés libres ; deux ans après, le 10 avril 1860, le Conseil municipal nomma une commission pour examiner si l'on devait de nouveau agrandir le cimetière sur la propriété des hoirs Hipert. Le 13 mai 1860, le Conseil municipal *délibéra à l'unanimité* d'acquérir ces terrains et autorisa M. le Maire à s'entendre avec les propriétaires ou à en provoquer l'expropriation pour cause d'utilité publique ; cette expropriation fut commencée le 25 novembre 1860 ; il n'y a pas été donné suite. Il est à remarquer même que la Commune est entendue avec la famille Hipert sur le prix de ces terrains, et que l'expropriation n'a été nécessitée que pour la forme, par suite de l'existence d'un interdit dans cette famille.

Le cimetière doit rester où il est, en l'agrandissant sur les terrains communaux qui sont encore libres, et sur la propriété Hipert, dont il suffit de terminer l'acquisition. Cette propriété a toujours été considérée par le Conseil municipal, par la population de Cannes et par ses propriétaires comme étant destinée au cimetière, aussi ceux-ci ne l'ont-ils jamais complantée ; ils l'ont toujours laissée en état de terre labourable.

Ce sont ces considérations qui en 1846, lors de l'établissement du nouveau cimetière, triomphaient des oppositions peu nombreuses mais puissantes des propriétaires limitrophes, parmi lesquels il suffit de citer M. Meissonnier, le nom le plus influent du département du Var, à cette époque.

De 1860 à 1861, rien n'est changé à Cannes. On ne s'explique pas pourquoi une commission du Conseil municipal, composée de membres étrangers au pays, veut donner à la ville un nouveau cimetière. La seule explication admise par toute la population de Cannes, c'est que ce projet a été suggéré à la Commission *par M. Barbe*, ancien Maire de Cannes et ancien membre du Conseil général. Tout le monde sait que M. Barbe possède une propriété qui a vue sur le cimetière, et sur laquelle il veut élever une villa. Il espère aujourd'hui faire ce qu'il n'a pu obtenir en 1846, de concert avec M. Meissonnier. Ce changement est donc proposé dans l'intérêt unique d'un seul propriétaire. En 1846, les opposants à l'établissement du cimetière actuel trouvaient *qu'il était trop éloigné de la ville*, aujourd'hui ils tiennent un tout autre langage, mais le but est le même, la satisfaction de leur intérêt privé.

Le choix de la propriété Gillette est contraire à la loi. Pour y arriver, il faut parcourir un demi-kilomètre sur la route de Cannes à Grasse, qui est si fréquentée; cette distance ne peut qu'augmenter dans un délai très rapproché, quand on changera l'église. *Les convois auront alors à parcourir plusieurs kilomètres sur la grande route.* La propriété Gillette est située au nord-ouest, tandis que la ville de Cannes s'agrandit du côté de l'est ; le nouveau cimetière sera toujours de plus en plus éloigné et de la ville et de l'église. Aujourd'hui même, si M. le Maire, en partant de son hôtel, voulait passer par l'église, pour se rendre sur la propriété Gillette, devenue le nouveau cimetière, il aurait plusieurs kilomètres à faire. Les convois auront à parcourir *trois kilomètres et demi*. Il est vrai que les morts seront transportés en corbillard. Le Rapport porte même que l'entretien du corbillard et de ses accessoires dispendieux coûtera moins que le transport actuel, souvent effectué par les soins pieux des amis du défunt.

La ville de Cannes, ainsi que son nom provençal l'indique, est une ligne droite de l'ouest à l'est, pour la longueur ; sa largeur est zéro ; tout le monde sait ça. Or, cette ligne droite se prolonge indéfiniment vers l'est ; l'église actuelle, point extrême ouest de cette ligne, est à deux kilomètres à angle droit de la propriété Gillette du sud au nord. L'église est située au sommet d'une colline si abrupte, que Mgr Wiclar, prédécesseur immédiat de l'évêque actuel de Fréjus, dans sa première visite pastorale, s'écria : qu'il ne comprenait pas qu'un seul Cannois vînt à la Messe. La propriété Gillette est sur une colline beaucoup plus élevée.

La propriété Gillette est complantée en oliviers, orangers, vignes, cassiers et rosiers, le tout en plein rapport. Les Membres de la Commission savent à quel chiffre peut s'élever la valeur vénale d'une propriété dans ces conditions à Cannes, et dans une vente pour cause d'utilité publique.

Cette propriété est environnée de propriétés très importantes, qui vont subir une dépréciation contre laquelle la loi et l'intérêt public les protègent. Le soussigné possède une maison d'habitation à 40 mètres de distance de cette propriété. Il y a d'autres maisons d'habitation aussi rapprochées.

Ce cimetière, non-seulement serait desservi par la route départementale de Cannes à Grasse, mais il ne serait situé qu'à 12 mètres de cette route ; ce qui est contraire à tous les usages de l'administration pour ces établissements.

Le cimetière actuel contient 109 tombes, pour lesquelles la Commune a consenti des *concessions perpétuelles*. La ville de Cannes ne peut pas avoir deux cimetières, celui de l'aristocratie pour les tombeaux, et l'autre de la fosse commune ! Quelle dépense pour la Commune !

Tous les concessionnaires de ces tombes exigeront leur rétablissement dans le nouveau cimetière. C'est leur droit. — Ce rétablissement est aux frais de la commune de Cannes ; elle reste chargée « des frais matériels, « c'est-à-dire du creusement des fosses, du transport « des restes, et, au besoin, des matériaux des tombes « érigées sur les terrains abandonnés. » Ce sont les termes de la circulaire du Ministre de l'intérieur du 30 décembre 1843, n° 16. Les matériaux, outre les caveaux, comprennent des ouvrages d'art qui peuvent entraîner une responsabilité indéfinie pour la Commune. Mais pour ne parler que des frais matériels, ce rétablissement occasionnera à la Commune une dépense qui dépassera 50,000 fr., si elle n'est pas double de cette somme.

Voilà bien des frais inévitables pour la Commune! L'affirmation si péremptoire, quoique parfaitement erronnée du Rapport, a pu faire illusion au Conseil municipal, mais à coup sûr elle ne tromperait pas l'Administration supérieure, si vigilante dans l'application des lois et des règlements, et si scrupuleuse pour le respect des droits des tiers.

Il y a une autre cause de dépense dont il faut tenir compte. L'article 4 du décret du 3 prairial an XII exige que les fosses aient un mètre cinquante centimètres à deux mètres de profondeur. La propriété Gillette n'est recouverte dans toute sa superficie que de *quelques centimètres de terre* ; il faut donc que la Commune effondre toute cette propriété à la profondeur légale. La Commune sait ce que cet aménagement a coûté pour le cimetière actuel. Cette dépense n'aurait pas lieu pour la propriété Hipert, qui est un grand fonds de terre sur toute son étendue.

L'observation rigoureuse de cette prescription législative serait d'autant plus indispensable dans la propriété Gillette, que cette propriété est contiguë à des bois et à des forêts.

La propriété Gillette a une superficie de 17,685 mètres.

Le cimetière actuel a une superficie de... 4,500 m.
La propriété Hipert.. 10,000
                                        ―――――
                                        14,500 m.

En y ajoutant les terrains communaux contigus on trouve une superficie égale pour les deux cimetières. Y eût-il une différence, elle est si peu considérable qu'elle ne peut pas justifier le changement projeté.

Le cimetière actuel ne peut et ne doit pas être changé; mais si la Commission de 1861, contrairement aux traditions du pays et au vœu unanime du Conseil de 1860, veut changer ce cimetière, il y a, avant d'arriver à la propriété Gillette, dans la même situation topographique, une propriété qui offrirait le double avantage d'être à moitié chemin de la propriété Gillette et d'être desservie par le chemin du Suquet, *c'est la propriété de M. Barbe*, celle pour laquelle il demande le changement du cimetière. On pourrait encore choisir la propriété de M. le marquis Rostan d'Ancezune, qui est l'ancienne *ferrage communale*, et qui est dans le même état qu'à son origine.

La Commune, en 1846, a dépensé des sommes fort considérables pour l'établissement du cimetière actuel, toutes ces dépenses seraient aujourd'hui perdues pour la Commune, et elle s'exposerait aux dépenses inconnues d'une expropriation.

Qu'on ne dise pas que Gillette consent à vendre tractativement sa propriété, il y consent à la condition que la Commune lui payera le prix qu'il demande. *Il faudra encore exproprier ou M. Negrin ou M. Levraut*, pour avoir un passage conforme à la nouvelle destination de la propriété Gillette. Ces dépenses sont impossibles pour la Commune, elle doit conserver le cimetière actuel, avec ses agrandissements naturels.

Il y a un autre ordre de considérations, auquel la Commission municipale peut rester étrangère, mais qui touche vivement la population de Cannes. Nous autres, pauvres gens de Cannes, destinés à vivre et à mourir uniquement dans notre pays, nous voulons pendant notre vie pouvoir prier sur nos parents et au *milieu de tous nos parents*, dans le cimetière commun, et nous voulons aussi que nos enfants viennent prier sur nous dans ce même cimetière. Cannes serait la seule ville de France qui ne satisferait pas ce besoin de la vie chrétienne et cette consolation suprême de la mort, si dans moins de vingt ans, elle pouvait avoir *trois cimetières* et si elle reléguait son cimetière à plus d'un kilomètre et demi de son enceinte. Permis à M. le Rapporteur de trouver ce sentiment exagéré, mais il est certain que nous voulons avoir un cimetière où nous puissions aller prier. Nous ne demandons pas autre chose ; mais nous le demandons dans toute la simplicité de nos consciences et avec toute l'ardeur de notre conviction.

L'enquête de *commodo* a eu lieu sur ce projet. Malgré l'influence omnipotente de M. Barbe, ce projet a rencontré 138 opposants; M. Barbe, pour contrebalancer cette *opposition unanime* du pays, n'a pu réunir que trente signatures. Vous verrez dans cette manifestation, aussi spontanée qu'extraordinaire, l'expression de tout le pays. Vous avez au reste, M. le Préfet, un moyen très simple de contrôler l'immense portée de cette épreuve, consultez l'enquête de *commodo* de 1849, et vous verrez le chiffre infime des opposants que l'établissement du cimetière actuel rencontra, malgré toutes les influences des intéressés, qui agirent seuls.

Quel est l'avis du Commissaire enquêteur ? Je copie le Rapport : « Ce magistrat estime que, pour ne pas *heurter*
« *trop vivement* ce qui lui a paru être *l'opinion géné-*
« *rale*, il y aurait lieu d'étudier de nouveau les avantages

« et les inconvénients que présenterait l'agrandissement
« du cimetière actuel. » Il repousse donc le projet de la
Commission, d'accord avec l'opinion générale, c'est-à-
dire unanime du pays !

LE CIMETIÈRE ACTUEL DOIT RESTER OU IL EST. On objecte l'existence des maisons construites dans le Rhiou, au pied de la colline, sur des terrains communaux, vendus par M. le maire Barbe ; est-ce que l'existence de la rue des Ponchettes, à Nice, est une objection contre le cimetière de cette ville. La colline du Caroubier, à Cannes, sur laquelle est le cimetière actuel, ne ressemble pourtant en rien au Château de Nice.

Ces considérations pourraient être multipliées à l'infini, celles qui précèdent suffisent pour faire repousser le projet mis en avant par une Commission municipale, contrairement à tous les intérêts généraux de la ville de Cannes.

Cannes, le 25 février 1862.

NEGRIN,

Notaire, propriétaire et ancien Conseiller municipal.

Je soussigné déclare adhérer à la réponse qui précède en ma qualité de propriétaire à Cannes et d'ancien *Membre du Conseil municipal* de cette ville.

Si l'on me reproche l'intérêt personnel que je puis

avoir à la question, je le reconnais. Mais n'ai-je pas assez défendu les intérêts généraux de Cannes, comme son avocat et comme membre du Conseil municipal, pour pouvoir les connaître et apprécier en même temps ses véritables besoins? Il me suffit de renvoyer aux délibérations de 1848 à 1851. Mon adhésion, quelles que soient les circonstances, n'a donc qu'un mobile : l'intérêt général de la ville de Cannes, qui est toujours mon pays et mon pays aimé.

Aix, le 25 février 1862.

NEGRIN,

Avocat à la Cour impériale.

www.ingramcontent.com/pod-product-compliance
Lightning Source LLC
Chambersburg PA
CBHW060900050426
42453CB00011B/2060